# MACARONS

## So zart können Kekse sein

Autor: Nico Stanitzok | Fotos: Eising Studio | Food Photo & Video

## DIE GU-QUALITÄTS-GARANTIE

Wir möchten Ihnen mit den Informationen und Anregungen in diesem Buch das Leben erleichtern und Sie inspirieren, Neues auszuprobieren. Bei jedem unserer Bücher achten wir auf Aktualität und stellen höchste Ansprüche an Inhalt, Optik und Ausstattung. Alle Rezepte und Informationen werden von unseren Autoren gewissenhaft erstellt und von unseren Redakteuren sorgfältig ausgewählt und mehrfach geprüft. Deshalb bieten wir Ihnen eine 100%ige Qualitätsgarantie.

**Darauf können Sie sich verlassen:**
Wir legen Wert darauf, dass unsere Kochbücher zuverlässig und inspirierend zugleich sind. Wir garantieren:
- dreifach getestete Rezepte
- sicheres Gelingen durch Schritt-für-Schritt-Anleitungen und viele nützliche Tipps
- eine authentische Rezept-Fotografie

**Wir möchten für Sie immer besser werden:**
Sollten wir mit diesem Buch Ihre Erwartungen nicht erfüllen, lassen Sie es uns bitte wissen! Wir tauschen Ihr Buch jederzeit gegen ein gleichwertiges zum gleichen oder ähnlichen Thema um. Nehmen Sie einfach Kontakt zu unserem Leserservice auf. Die Kontaktdaten unseres Leserservice finden Sie am Ende dieses Buches.

GRÄFE UND UNZER VERLAG
*Der erste Ratgeberverlag – seit 1722.*

# INHALT

## TIPPS UND EXTRAS

Umschlagklappe vorne:
  Meine kleine Patisserie

- 4  Die bunte Welt der Macarons
- 6  Französische Macarons
- 8  Italienische Macarons
- 64 Schnelle Buttercremes

Umschlagklappe hinten:
  Tipps, Tricks & Pannenhilfe
  Pikante Cremes

## 10  MACARONS FÜR EINSTEIGER

- 12 Himbeer-Macarons
- 14 Macarons mit Ananasmousse
- 16 Mandarinen-Macarons
- 17 Macarons mit Feigen
- 18 Maracuja-Vanille-Macarons
- 19 Macarons mit Kirsch-Ganache
- 20 Luftige Schoko-Macarons
- 22 Vanille-Macarons
- 24 Lebkuchen-Macarons
- 25 Rhabarber-Macarons
- 26 Macarons mit Espressomousse
- 28 Aprikosen-Joghurt-Macarons

## 30 MEINE LIEBLINGE

- 32 Grapefruit-Macarons
- 34 Pistazien-Macarons mit Krokant
- 36 Erdbeer-Macarons
- 38 Macarons mit gebrannten Mandeln
- 39 Heidelbeer-Macarons
- 40 Zitronen-Macarons
- 42 Erdnuss-Macarons mit Karamellmousse
- 44 Marzipan-Macarons

## 46 FÜR KÜNSTLER UND KÖNNER

- 48 Wassermelonen-Macarons
- 50 Riesen-Macarons mit Himbeermousse
- 52 Smiley-Macarons mit Mango-Ganache
- 54 Marmor-Macarons mit Kirschkonfitüre
- 56 Macaron-Torte mit weißer Schokomousse
- 58 Macaron-Pyramide mit Champagner

- 60 Register
- 62 Impressum

# DIE BUNTE WELT DER MACARONS

Das Schöne an Macarons ist, dass sie nicht nur unvergleichlich gut schmecken, sondern dass man sie in allen Farben des Regenbogens backen kann.

Um den Macarons ihre unvergleichlich zarten Farbtöne zu verleihen, färbt man sie mit Lebensmittelfarben ein. Diese gibt es mittlerweile in verschiedenen Farbtönen und in den unterschiedlichsten Konsistenzen.
Für die Macaron-Rezepte in diesem Buch verwenden Sie am besten Lebensmittelfarbe in Pulver- oder Pastenform. Flüssige Lebensmittelfarben eignen sich für Macarons nicht, da das enthaltene Wasser die Konsistenz der sensiblen Macaron-Masse zu sehr verändern würde. Wasser und Fett sind nämlich so etwas wie die natürlichen Feinde der Macaron-Masse! Ist die Macaron-Masse einmal zu flüssig, gehen die zarten Tupfen nicht mehr wie gewünscht beim Backen in die Höhe. (Bitte daher auch alle Arbeitsgeräte möglichst sauber und fettfrei verwenden! Ist Fett im Spiel, wird der Eischnee nicht steif.)
Weiß stellt übrigens die einzige Ausnahme dar: Hier sollten Sie sogar flüssige Farbe verwenden. Denn die Basis für weiße Lebensmittelfarbe ist Titandioxid, das sich nur in Wasser lösen lässt, um seine färbende Wirkung freizusetzen. Meist sind die benötigten Mengen an Weiß aber sehr gering.

## IN DEN FARBTOPF GEFALLEN

Damit man die Macarons gleich auf den ersten Blick auch geschmacklich etwas einordnen kann, verleiht man ihnen im Idealfall eine Farbe passend zu ihrem Aromageber, beispielsweise Rot für Erdbeer-Macarons oder Gelb für Zitronen-Macarons. Hier sind Ihrer Fantasie keine Grenzen gesetzt. Sie können mit den Farben nach Lust und Laune experimentieren. Im Prinzip reichen die klassischen Grundtöne Rot, Gelb und Blau, um daraus alle Farben zu mischen. Zusätzlich empfehlen sich allerdings schwarze und weiße Lebensmittelfarbe, um die Helligkeit der Farben zu beeinflussen oder um Pastelltöne zu mischen. Sie können aber auch gern fertige Mischtöne wie Orange oder Violett verwenden oder nochmals mischen, wie das in diesem Buch bei einigen Rezepten der Fall ist.

**BEZUGSQUELLEN FÜR LEBENSMITTELFARBEN**

Die genannten Lebensmittelfarben in Pulver- oder Pastenform bekommen Sie in jedem gut sortierten Fachgeschäft, Naturfarben aus Roter Bete (Rot), Safran (Gelb) oder Spinat (Grün) im Bioladen. Die beste Auswahl an Lebensmittelfarben in Pulver- oder Pastenform finden Sie im Online-Handel. Auf Webseiten für den Hobbyback- oder -patisseriebedarf wird ein großes Angebot an Lebensmittelfarben präsentiert. Dort finden Sie Farben von verschiedenen Herstellern auch in kleinen Verpackungseinheiten zu vertretbaren Preisen. Wichtig: Handelsübliche Lebensmittelfarben aus dem Supermarkt sind nicht gut geeignet, da sie in der Regel die Macaron-Masse nicht kräftig genug färben. Farbpasten auf Basis von Puderzucker verändern die Konsistenz der Masse ebenfalls stark.

**VON HAUCHZART BIS KRÄFTIG BUNT**

Je nach gewünschtem Ergebnis können Sie mehr oder weniger Lebensmittelfarbe zur Macaron-Masse hinzufügen. Um besonders kräftige Farben zu erzielen, eignen sich Farben in Pulverform am besten. Dabei reicht meist schon 1 Messerspitze für ein farbstarkes Ergebnis.

Für zarte Pastelltöne sind Farben in Pastenform die richtige Wahl. Auch hier nur kleine Mengen verwenden, beispielsweise 1 Zahnstocherspitze. Das genaue Verhältnis bekommt man nach den ersten Backversuchen schnell ins Gefühl.

**WIE FÄRBE ICH MACARONS AM BESTEN?**

Am einfachsten ist es, die gewünschte Farbe mit dem Eischnee zu mischen – so lässt sich der gewünschte Farbton am besten steuern. Dazu Paste oder Pulver einfach während des Aufschlagens dazugeben. Beim Backen verblassen die Farben meist wieder etwas, daher können Sie den rohen Eischnee ruhig stärker als gewünscht einfärben. Eine Ausnahme bildet wieder das Weiß – diese Farbe erst zur fertigen Macaron-Masse hinzufügen, um den Farbton richtig beurteilen zu können.

Für mehrfarbige Macarons gibt es zwei verschiedene Vorgehensweisen. Entweder man stellt mehrere Macaron-Massen her und färbt jede nach Wunsch ein. Oder man verwendet eine größere Menge an Macaron-Masse, die man dann entsprechend in mehrere Portionen teilt und jede Portion nach Wunsch einfärbt. Bei der zweiten Methode besteht jedoch die Gefahr, dass man die Masse zu lange rührt und sie dadurch zu flüssig wird.

# FRANZÖSISCHE MACARONS

In wenigen Schritten wird aus Eischnee, Mandeln und Puderzucker eine einfache Masse für Macarons. Sie müssen sich dann nur noch für Farbe und Füllung entscheiden …

**1** Auf 1 Bogen Backpapier mit Bleistift in gleichmäßigem Abstand 24 Kreise (à 3,5 cm Ø) aufzeichnen. Das Papier dann umgedreht auf ein Backblech legen.

**2** Die Mandeln mit dem Puderzucker im Blitzhacker sehr fein mahlen, anschließend in eine Rührschüssel sieben. Dabei grobe Reste entfernen.

**3** Das Eiweiß in einem hohen Rührbecher mit den Schneebesen des Handrührgeräts zunächst nur anschlagen, dabei den Zucker langsam einrieseln lassen.

**4** Alternativ das Eiweiß in der Küchenmaschine mit dem Schneebesen anschlagen. Dabei ebenfalls den Zucker langsam einrieseln lassen.

**5** Dann auf höchster Stufe in ca. 8 Min. zu sehr festem Eischnee weiterschlagen, dabei wenig Lebensmittelfarbe (sparsam dosieren!) dazugeben.

**6** Den Eischnee mit einem Teigschaber unter die Mandel-Puderzucker-Mischung heben und so lange rühren, bis die Masse glatt und zäh fließend ist.

GRUNDREZEPT

50 g gemahlene blanchierte Mandeln | 50 g Puderzucker | 30 g Eiweiß (ca. 1 Ei Größe M, 3–5 Tage alt) | 13 g Zucker | wenig Lebensmittelfarbe (Farbton nach Belieben)
**Außerdem:**
Spritzbeutel mit Lochtülle (Größe 8) | Backpapier oder Silikonbackmatte für Macarons
Für 24 Macaron-Schalen | 30 Min. Zubereitung | 30 Min. Trocknen | 13 Min. Backen |
6 Std. 10 Min. Kühlen | Pro Stück ca. 25 kcal, 1 g EW, 1 g F, 3 g KH

**7** Die Masse in den Spritzbeutel füllen und damit 24 gleichmäßige Tupfen nebeneinander in die vorgezeichneten Kreise auf das Backpapier spritzen.

**8** Von unten gegen das Backblech klopfen, um die Oberfläche der Tupfen zu glätten. Die Tupfen ca. 30 Min. trocknen lassen, bis sich eine lederartige Haut bildet.

**9** In der Zwischenzeit den Ofen auf 160° vorheizen. Anschließend die Macaron-Schalen im Ofen (Mitte) ca. 13 Min. backen.

**10** Nach der Hälfte der Backzeit das Backblech herausnehmen, um 180° drehen und wieder in den Ofen schieben. Die Macaron-Schalen fertig backen.

**11** Die Macaron-Schalen aus dem Ofen nehmen, mit dem Backpapier vom Blech ziehen und auf einem Gitter ca. 10 Min. abkühlen lassen.

**12** Jeweils ca. 1 TL Füllung auf 12 Macaron-Schalen auftragen. Die übrigen Schalen daraufsetzen und leicht andrücken. Mind. 6 Std. kühl durchziehen lassen.

**GRUNDREZEPT**

# ITALIENISCHE MACARONS

Mit etwas Geschick – und dem Zuckersirup – gelingt Ihnen auch diese italienische Masse.
Der so zubereitete Eischnee ist extra stabil und sorgt für eine glatte Oberfläche!

**1** Die Mandeln und den Puderzucker im Blitzhacker sehr fein mahlen. In eine Schüssel sieben und mit 18 g Eiweiß gleichmäßig zu einer Paste verrühren.

**2** Dann 13 g Wasser abwiegen und mit dem Zucker in einem Topf bei mittlerer Hitze aufkochen. Dabei die Temperatur mit dem Thermometer kontrollieren.

**3** Hat der Sirup 110° erreicht, die übrigen 18 g Eiweiß in der Küchenmaschine (!) auf höchster Stufe zu Eischnee schlagen.

**4** Hat der Sirup 118° erreicht, diesen unter Rühren in den Eischnee laufen lassen. Den Eischnee so lange weiterschlagen, bis er nur noch lauwarm ist.

**5** Zuerst nur 2 EL lauwarmen Eischnee zur Mandel-Eiweiß-Paste geben und alles mit einem Teigschaber geschmeidig rühren.

**6** Dann den übrigen Eischnee mit dem Teigschaber unterheben und so lange rühren, bis eine glatte und zäh fließende Masse entstanden ist.

50 g gemahlene blanch. Mandeln | 50 g Puderzucker | 50 g Zucker | 2 × 18 g Eiweiß (3 – 5 Tage alt)
**Außerdem:**
digitales Küchenthermometer | Spritzbeutel mit Lochtülle (Größe 8) |
Backpapier oder Silikonbackmatte für Macarons
Für 24 Macaron-Schalen | 40 Min. Zubereitung | 30 Min. Trocknen | 13 Min. Backen |
6 Std. 10 Min. Kühlen | Pro Stück ca. 30 kcal, 1 g EW, 1 g F, 4 g KH

**7** Ein Backblech mit einer Silikonmatte für Macarons belegen. Die Masse mit dem Spritzbeutel vorsichtig in die vorgegebenen Ringe spritzen.

**8** Von unten gegen das Backblech klopfen, um die Oberfläche der Tupfen zu glätten. Die Tupfen ca. 30 Min. trocknen lassen, bis sich eine lederartige Haut bildet.

**9** Inzwischen den Backofen auf 160° vorheizen. Die Macaron-Schalen im Ofen (Mitte) ca. 13 Min. backen, dabei das Blech einmal wenden.

**10** Die Macaron-Schalen aus dem Ofen nehmen, mit der Backmatte vom Blech ziehen und auf einem Gitter noch ca. 10 Min. abkühlen lassen.

**11** Jeweils ca. 1 TL Füllung auf 12 Macaron-Schalen auftragen. Die übrigen Schalen daraufsetzen und leicht andrücken. Mind. 6 Std. kühl durchziehen lassen.

**TIPP**
Um bei diesem Macaron-Rezept mit dem heißen Zuckersirup die Hände frei zu haben, sollten Sie am besten mit einer Küchenmaschine (oder mit einer zweiten Person) arbeiten. Außerdem ist dieser Küchenhelfer praktisch für Fälle, in denen wie hier das Eiweiß sehr lange geschlagen wird.

# MACARONS FÜR EINSTEIGER

Macarons sind das französische Kultgebäck der letzten Jahre! Die zarten Verführer sind aber als etwas divenhaft bekannt – wenn man der Gerüchteküche glaubt, ist es fast unmöglich, sie zu Hause selbst zu backen. Aber keine Bange: Mit diesen Rezepten gelingen auch Ihnen bald perfekte Macarons.

# HIMBEER-MACARONS

Himbeeren und Macarons müssen Geschenke des Himmels sein. Auf diese Weise kombiniert, schmecken sie jedenfalls einfach göttlich.

**Für die Füllung:**
160 g Himbeeren (frisch oder TK)
60 g Gelierzucker 2:1
1 TL Zitronensaft

**Für die Macaron-Schalen:**
50 g gemahlene blanchierte Mandeln
50 g Puderzucker
30 g Eiweiß (ca. 1 Ei Größe M, 3–5 Tage alt)
13 g Zucker
rosa Lebensmittelfarbe

**Außerdem:**
Backpapier oder Silikonbackmatte für Macarons
Spritzbeutel mit Lochtülle (Größe 8)

**Himmlisch**

Für 12 Macarons |
45 Min. Zubereitung |
30 Min. Trocknen |
13 Min. Backen |
14 Std. 10 Min. Kühlen
Pro Stück ca. 70 kcal,
1 g EW, 2 g F, 11 g KH

**1** Für die Füllung die Himbeeren verlesen, waschen und trocken tupfen (TK-Ware antauen lassen). In einem hohen Rührbecher mit dem Stabmixer pürieren. Das Püree durch ein Sieb in einen Topf streichen, mit Gelierzucker und Zitronensaft glatt rühren. Alles aufkochen und unter Rühren ca. 4 Min. sprudelnd kochen lassen. In eine Schüssel füllen, zugedeckt ca. 2 Std. abkühlen lassen.

**2** Für die Macaron-Schalen Mandeln und Puderzucker fein mahlen und sieben. Eiweiß anschlagen, dabei den Zucker einrieseln lassen. Dann auf höchster Stufe in ca. 8 Min. zu sehr festem Eischnee schlagen, dabei wenig Lebensmittelfarbe hinzufügen. Den Eischnee mit einem Teigschaber unter die Mandelmischung heben, bis eine glatte, zäh fließende Masse entstanden ist.

**3** Ein Backblech mit Backpapier oder Silikonmatte auslegen. Die Macaron-Masse in den Spritzbeutel füllen und damit 24 gleichmäßige Tupfen aufspritzen. Von unten gegen das Blech klopfen, um die Tupfen zu glätten. Die Macaron-Schalen ca. 30 Min. trocknen lassen. Inzwischen den Backofen auf 160° vorheizen.

**4** Die Macaron-Schalen im Ofen (Mitte) ca. 13 Min. backen. Aus dem Ofen nehmen, mit dem Backpapier vom Blech ziehen und ca. 10 Min. abkühlen lassen. Die Konfitüre auf 12 Schalen auftragen. Die übrigen Schalen daraufsetzen und leicht andrücken. In einer luftdicht schließenden Box mind. 12 Std. kühl stellen.

**TIPP** Wenn Sie das Rezept für die Himbeerkonfitüre verdreifachen, erhalten Sie einen leckeren Frühstücksvorrat. In sterilisierten Gläsern hält sie sich mehrere Monate im Kühlschrank.

# MACARONS MIT ANANASMOUSSE

Eine saftige und süße Ananas an sich ist schon ein Genuss. Als Mousse in Macarons wird aus der exotischen Frucht ein doppeltes Vergnügen.

**Für die Füllung:**
80 g weiße Kuvertüre
(25 % Kakaobuttergehalt)
100 g Ananas
1 Eigelb (Größe M)
5 g Zucker
15 g Kokosraspel
50 g Sahne

**Für die Macaron-Schalen:**
50 g gemahlene blanchierte Mandeln
50 g Puderzucker
30 g Eiweiß (ca. 1 Ei Größe M, 3–5 Tage alt)
13 g Zucker
gelbe Lebensmittelfarbe

**Außerdem:**
digitales Küchenthermometer
Backpapier oder Silikonbackmatte für Macarons
Spritzbeutel mit Lochtülle (Größe 8)

## Tropisches Vergnügen

Für 12 Macarons |
1 Std. Zubereitung |
30 Min. Trocknen |
13 Min. Backen |
16 Std. 25 Min. Kühlen
Pro Stück ca. 110 kcal,
2 g EW, 7 g F, 10 g KH

**1** Für die Füllung die Kuvertüre fein hacken und über dem heißen Wasserbad auflösen. Ananas grob in Stücke schneiden, in einem hohen Rührbecher mit dem Stabmixer pürieren. 80 g Püree (Rest anderweitig verwenden) aufkochen und vom Herd nehmen.

**2** Das Eigelb mit dem Zucker in einer Schüssel glatt rühren, das Ananaspüree langsam einrühren und alles in eine Metallschüssel geben. Die Masse über dem heißen Wasserbad unter Rühren auf 78–85° (Thermometer!) erhitzen. Vom Wasserbad nehmen, mit der Kuvertüre glatt rühren und die Kokosraspel untermischen. Die Creme ca. 15 Min. abkühlen lassen.

**3** Inzwischen die Sahne steif schlagen. Die Ananasmasse erst mit der Hälfte der Sahne glatt rühren, dann die zweite Hälfte der Sahne mit einem Teigschaber unterheben. Die Füllung zugedeckt mind. 4 Std., am besten über Nacht, kühl stellen.

**4** Für die Macaron-Schalen Mandeln und Puderzucker fein mahlen und sieben. Das Eiweiß anschlagen, dabei den Zucker einrieseln lassen. Dann auf höchster Stufe in ca. 8 Min. zu sehr festem Eischnee schlagen, dabei wenig Lebensmittelfarbe hinzufügen. Den Eischnee mit einem Teigschaber unter die Mandelmischung heben, bis eine glatte, zäh fließende Masse entstanden ist.

**5** Ein Backblech mit Backpapier oder Silikonmatte auslegen. Die Macaron-Masse in den Spritzbeutel füllen und damit 24 gleichmäßige Tupfen aufspritzen. Von unten gegen das Blech klopfen, um die Tupfen zu glätten. Die Macaron-Schalen ca. 30 Min. trocknen lassen. Inzwischen den Backofen auf 160° vorheizen.

**6** Die Macaron-Schalen im Ofen (Mitte) ca. 13 Min. backen. Aus dem Ofen nehmen, mit dem Backpapier vom Blech ziehen und ca. 10 Min. abkühlen lassen. Die Füllung auf 12 Schalen auftragen. Die übrigen Schalen daraufsetzen und leicht andrücken. In einer luftdicht schließenden Box mind. 12 Std. kühl stellen.

# MANDARINEN-MACARONS

100 ml frisch gepresster Mandarinensaft | 70 g Gelierzucker 2:1 | 1 TL Zitronensaft | 50 g gemahlene blanchierte Mandeln | 50 g Puderzucker | 30 g Eiweiß (ca. 1 Ei Größe M, 3 – 5 Tage alt) | 13 g Zucker | orange Lebensmittelfarbe
**Außerdem:**
Spritzbeutel mit Lochtülle (Größe 8) | Backpapier oder Silikonbackmatte für Macarons

### Wie ein Sonnenaufgang

Für 12 Macarons | 45 Min. Zubereitung | 30 Min. Trocknen | 13 Min. Backen | 14 Std. 10 Min. Kühlen
Pro Stück ca. 70 kcal, 1 g EW, 2 g F, 12 g KH

**1** Den Mandarinensaft mit Gelierzucker und Zitronensaft in einem Topf aufkochen und unter Rühren ca. 4 Min. sprudelnd kochen lassen. Gelee in einer Schüssel zugedeckt ca. 2 Std. abkühlen lassen.

**2** Mandeln und Puderzucker fein mahlen und sieben. Eiweiß anschlagen, dabei den Zucker einrieseln lassen. Ca. 8 Min. schlagen, dabei wenig Lebensmittelfarbe hinzufügen. Unter die Mandelmischung heben und in den Spritzbeutel füllen.

**3** Ein Backblech mit Backpapier oder Silikonmatte auslegen und 24 gleichmäßige Tupfen aufspritzen. Von unten gegen das Blech klopfen, um die Tupfen zu glätten. Die Macaron-Schalen ca. 30 Min. trocknen lassen. Den Backofen auf 160° vorheizen.

**4** Die Macaron-Schalen im Ofen (Mitte) ca. 13 Min. backen. Aus dem Ofen nehmen, mit dem Backpapier vom Blech ziehen und ca. 10 Min. abkühlen lassen. Das Gelee auf 12 Macaron-Schalen auftragen. Die übrigen Schalen daraufsetzen und leicht andrücken. In einer luftdicht schließenden Box mind. 12 Std. kühl stellen.

# MACARONS MIT FEIGEN

120 g Feigen (aus der Dose) | 50 g Gelierzucker 2:1 | 2 TL Zitronensaft | 50 g gemahlene blanchierte Mandeln | 50 g Puderzucker | 30 g Eiweiß (ca. 1 Ei Größe M, 3–5 Tage alt) | 13 g Zucker | lila Lebensmittelfarbe
**Außerdem:**
Spritzbeutel mit Lochtülle (Größe 8) | Backpapier oder Silikonbackmatte für Macarons

### Orientalische Versuchung

Für 12 Macarons | 50 Min. Zubereitung | 30 Min. Trocknen | 13 Min. Backen | 14 Std. 10 Min. Kühlen
Pro Stück ca. 70 kcal, 1 g EW, 2 g F, 11 g KH

**1** Die Feigen gut abtropfen lassen und in einem hohen Rührbecher mit dem Stabmixer pürieren. Das Püree mit Gelierzucker und Zitronensaft in einem Topf verrühren, aufkochen und ca. 4 Min. sprudelnd kochen lassen. Die Konfitüre in einer Schüssel zugedeckt mind. 2 Std. abkühlen lassen.

**2** Mandeln und Puderzucker fein mahlen, sieben. Eiweiß anschlagen, dabei den Zucker einrieseln lassen. Ca. 8 Min. schlagen, dabei wenig Lebensmittelfarbe hinzufügen. Den Eischnee unter die Mandelmischung heben, in den Spritzbeutel füllen.

**3** Ein Backblech mit Backpapier oder Silikonmatte auslegen und 24 gleichmäßige Tupfen aufspritzen. Macaron-Schalen ca. 30 Min. trocknen lassen. Den Backofen auf 160° vorheizen. Macaron-Schalen im Ofen (Mitte) ca. 13 Min. backen. Dann herausnehmen, mit dem Backpapier vom Blech ziehen und ca. 10 Min. abkühlen lassen. Die Konfitüre auf 12 Schalen auftragen. Die übrigen Schalen daraufsetzen und leicht andrücken. In einer luftdicht schließenden Box mind. 12 Std. kühl stellen.

# MARACUJA-VANILLE-MACARONS

100 g weiße Kuvertüre (25 % Kakaobuttergehalt) | 2 Maracujas | ¼ Vanilleschote | 50 g gemahlene blanchierte Mandeln | 50 g Puderzucker | 30 g Eiweiß (ca. 1 Ei Größe M, 3–5 Tage alt) | 13 g Zucker | orange Lebensmittelfarbe
**Außerdem:**
Spritzbeutel mit Lochtülle (Größe 8) | Backpapier oder Silikonbackmatte für Macarons

### Gruß aus Madagaskar

Für 12 Macarons | 50 Min. Zubereitung |
30 Min. Trocknen | 13 Min. Backen |
18 Std. 10 Min. Kühlen
Pro Stück ca. 100 kcal, 2 g EW, 5 g F, 11 g KH

**1** Die Kuvertüre fein hacken und über dem heißen Wasserbad auflösen. Maracujas halbieren, Mark und Kerne herauslösen. Vanilleschote längs halbieren und mit dem Maracujainneren in einem Topf aufkochen. Die Masse durch ein Sieb streichen und mit der Kuvertüre glatt zur Ganache verrühren. Zugedeckt mind. 6 Std., am besten über Nacht, kühl stellen. Mandeln und Puderzucker fein mahlen und sieben. Eiweiß anschlagen, dabei den Zucker einrieseln lassen. Ca. 8 Min. schlagen, dabei wenig Lebensmittelfarbe hinzufügen. Eischnee unter die Mandelmischung heben, in den Spritzbeutel füllen.

**2** Ein Backblech mit Backpapier oder Silikonmatte auslegen und 24 gleichmäßige Tupfen aufspritzen. Macaron-Schalen ca. 30 Min. trocknen lassen. Den Backofen auf 160° vorheizen. Macaron-Schalen im Ofen (Mitte) ca. 13 Min. backen. Dann herausnehmen, mit dem Backpapier vom Blech ziehen und ca. 10 Min. abkühlen lassen. Die Füllung auf 12 Macaron-Schalen auftragen. Die übrigen Schalen daraufsetzen und leicht andrücken. In einer luftdicht schließenden Box mind. 12 Std. kühl stellen.

# MACARONS MIT KIRSCH-GANACHE

50 g Zartbitterkuvertüre (54 % Kakaoanteil) | 60 g Sauerkirschen mit 4 TL Kirscheinlegesaft (aus dem Glas) | 33 g Zucker | 50 g gemahlene blanchierte Mandeln | 50 g Puderzucker | 30 g Eiweiß (ca. 1 Ei Größe M, 3–5 Tage alt) | rote Lebensmittelfarbe
**Außerdem:**
Spritzbeutel mit Lochtülle (Größe 8) | Backpapier oder Silikonbackmatte für Macarons

### Schwarzwälder Klassiker

Für 12 Macarons | 50 Min. Zubereitung | 30 Min. Trocknen | 13 Min. Backen | 18 Std. 10 Min. Kühlen
Pro Stück ca. 80 kcal, 1 g EW, 4 g F, 10 g KH

**1** Kuvertüre fein hacken und über dem heißen Wasserbad auflösen. Kirschen und Saft mit dem Stabmixer pürieren, mit 20 g Zucker in einem Topf aufkochen. In eine Schüssel füllen und mit der Kuvertüre zur Ganache glatt verrühren. Zugedeckt mind. 6 Std., am besten über Nacht, kühl stellen.

**2** Mandeln und Puderzucker fein mahlen, sieben. Eiweiß anschlagen und den übrigen Zucker einrieseln lassen. Ca. 8 Min. schlagen, dabei wenig Lebensmittelfarbe hinzufügen. Eischnee unter die Mandelmischung heben, in den Spritzbeutel füllen.

**3** Ein Backblech mit Backpapier oder Silikonmatte auslegen, 24 gleichmäßige Tupfen aufspritzen. Macaron-Schalen ca. 30 Min. trocknen lassen. Backofen auf 160° vorheizen. Macaron-Schalen im Ofen (Mitte) ca. 13 Min. backen. Herausnehmen, samt Papier vom Blech ziehen und ca. 10 Min. abkühlen lassen. Füllung auf 12 Macaron-Schalen auftragen, übrige Schalen daraufsetzen und leicht andrücken. Luftdicht verpackt mind. 12 Std. kühl stellen.

# LUFTIGE SCHOKO-MACARONS

Für alle Liebhaber von zartbitterer Schokolade. Wer noch keiner ist, wird es nach dem Genuss dieser Macarons ganz bestimmt sein.

**Für die Füllung:**
40 g Zartbitterkuvertüre (54 % Kakaoanteil)
80 g Sahne
**Für die Macaron-Schalen:**
45 g gemahlene blanchierte Mandeln
50 g Puderzucker
5 g Kakaopulver
30 g Eiweiß (ca. 1 Ei Größe M, 3–5 Tage alt)
13 g Zucker
**Außerdem:**
Backpapier oder Silikonbackmatte für Macarons
Spritzbeutel mit Lochtülle (Größe 8)

### Herbe Leichtigkeit

Für 12 Macarons |
45 Min. Zubereitung |
30 Min. Trocknen |
13 Min. Backen |
13 Std. 40 Min. Kühlen
Pro Stück ca. 85 kcal,
1 g EW, 6 g F, 7 g KH

**1** Für die Füllung die Kuvertüre fein hacken und über dem heißen Wasserbad auflösen. 30 g Sahne in einem Topf aufkochen, über die Kuvertüre gießen und alles mit einem Teigschaber glatt rühren. Übrige kalte Sahne dazugießen und erneut glatt rühren. Die Mischung ca. 1 Std. 30 Min. kühl stellen, dann mit den Quirlen des Handrührgeräts in ca. 1 Min. zu einer luftigen Mousse aufschlagen. Bis zur weiteren Verwendung zugedeckt kühl stellen.

**2** Für die Macaron-Schalen Mandeln, Puderzucker und Kakao fein mahlen und sieben. Das Eiweiß anschlagen und dabei den Zucker einrieseln lassen. Dann auf höchster Stufe in ca. 8 Min. zu sehr festem Eischnee schlagen. Den Eischnee mit einem Teigschaber unter die Mandel-Kakao-Mischung heben und so lange rühren, bis eine glatte, zäh fließende Masse entstanden ist.

**3** Ein Backblech mit Backpapier oder Silikonmatte auslegen. Die Macaron-Masse in den Spritzbeutel füllen und damit 24 gleichmäßige Tupfen aufspritzen. Von unten gegen das Blech klopfen, um die Tupfen zu glätten. Dann die Macaron-Schalen ca. 30 Min. trocknen lassen. Inzwischen den Backofen auf 160° vorheizen.

**4** Die Macaron-Schalen im Ofen (Mitte) ca. 13 Min. backen. Aus dem Ofen nehmen, mit dem Backpapier vom Blech ziehen und ca. 10 Min. abkühlen lassen. Die Füllung auf 12 Schalen auftragen. Die übrigen Schalen daraufsetzen und leicht andrücken. In einer luftdicht schließenden Box mind. 12 Std. kühl stellen.

# VANILLE-MACARONS

Was ist besser als Vanille? Doppelt so viel Vanille! Denn nicht nur in der Eisdiele ist Vanille eine der beliebtesten Geschmacksrichtungen …

**Für die Füllung:**
7 g Vanillepuddingpulver (zum Kochen)
8 g Zucker
100 ml Milch
1 Vanilleschote
40 g weiche Butter
12 g Puderzucker
**Für die Macaron-Schalen:**
50 g gemahlene blanchierte Mandeln
50 g Puderzucker
30 g Eiweiß (ca. 1 Ei Größe M, 3–5 Tage alt)
13 g Zucker
**Außerdem:**
Backpapier oder Silikonbackmatte für Macarons
Spritzbeutel mit Lochtülle (Größe 8)

### All time favourite

Für 12 Macarons |
50 Min. Zubereitung |
30 Min. Trocknen |
13 Min. Backen |
8 Std. 10 Min. Kühlen
Pro Stück ca. 85 kcal,
1 g EW, 5 g F, 8 g KH

**1** Für die Füllung Puddingpulver und Zucker mit 2 EL Milch glatt rühren. Die Vanilleschote längs halbieren, das Mark auskratzen (Bild 1) und beides mit der übrigen Milch aufkochen. Die Vanilleschote wieder entfernen und das angerührte Puddingpulver unter Rühren dazugeben. Die Mischung kurz aufkochen, dann in eine Schüssel füllen. Den Pudding mit Frischhaltefolie zugedeckt in ca. 1 Std. auf Raumtemperatur abkühlen lassen.

**2** Butter und Puderzucker in der Küchenmaschine oder mit dem Handrührgerät auf höchster Stufe in ca. 5 Min. weißcremig aufschlagen. Pudding esslöffelweise dazugeben, jeweils ca. 20 Sek. einarbeiten (Bild 2). Die Buttercreme mind. 1 Std. kühl stellen.

**3** Für die Macaron-Schalen Mandeln und Puderzucker fein mahlen und sieben. Das Eiweiß anschlagen, dabei den Zucker einrieseln lassen. Dann auf höchster Stufe in ca. 8 Min. zu sehr festem Eischnee schlagen. Eischnee unter die Mandelmischung heben, bis eine glatte, zäh fließende Masse entstanden ist.

**4** Ein Backblech mit Backpapier oder Silikonmatte auslegen. Die Macaron-Masse in den Spritzbeutel füllen und damit 24 gleichmäßige Tupfen aufspritzen. Von unten gegen das Blech klopfen, um die Tupfen zu glätten. Dann die Macaron-Schalen ca. 30 Min. trocknen lassen. Inzwischen den Backofen auf 160° vorheizen.

**5** Macaron-Schalen im Ofen (Mitte) ca. 13 Min. backen. Herausnehmen, mit dem Backpapier vom Blech ziehen und ca. 10 Min. abkühlen lassen. Buttercreme auf 12 Schalen auftragen (Bild 3). Übrige Schalen daraufsetzen und leicht andrücken. In einer luftdicht schließenden Box mind. 6 Std. kühl stellen.

MACARONS FÜR EINSTEIGER

# LEBKUCHEN-MACARONS

80 g Vollmilchkuvertüre (38 % Kakaoanteil) | 80 g Sahne | 1 TL Lebkuchengewürz | 50 g gemahlene blanchierte Mandeln | 50 g Puderzucker | 30 g Eiweiß (ca. 1 Ei Größe M, 3 – 5 Tage alt) | 13 g Zucker | braune Lebensmittelfarbe
**Außerdem:**
Spritzbeutel mit Lochtülle (Größe 8) | Backpapier oder Silikonbackmatte für Macarons

Weihnachtlich

Für 12 Macarons | 40 Min. Zubereitung | 30 Min. Trocknen | 13 Min. Backen | 18 Std. 10 Min. Kühlen
Pro Stück ca. 105 kcal, 2 g EW, 7 g F, 9 g KH

**1** Kuvertüre hacken, über dem heißen Wasserbad auflösen. Sahne mit Gewürz aufkochen, mit der Kuvertüre glatt zur Ganache verrühren. Zugedeckt mind. 6 Std., am besten über Nacht, kühl stellen.

**2** Mandeln und Puderzucker fein mahlen und sieben. Das Eiweiß anschlagen, dabei den Zucker einrieseln lassen. Dann in ca. 8 Min. zu Eischnee schlagen, dabei wenig Lebensmittelfarbe hinzufügen. Eischnee unter die Mandelmischung heben und die Masse in den Spritzbeutel füllen.

**3** Ein Backblech mit Backpapier oder Silikonmatte auslegen und 24 gleichmäßige Tupfen aufspritzen. Die Macaron-Schalen ca. 30 Min. trocknen lassen. Den Backofen auf 160° vorheizen. Die Macaron-Schalen im Ofen (Mitte) ca. 13 Min. backen.

**4** Macaron-Schalen aus dem Ofen nehmen, mit dem Backpapier vom Blech ziehen und ca. 10 Min. abkühlen lassen. Die Füllung auf 12 Macaron-Schalen auftragen. Die übrigen Schalen daraufsetzen und leicht andrücken. In einer luftdicht schließenden Box mind. 12 Std. kühl stellen.

# RHABARBER-MACARONS

120 g Rhabarber (z. B. Erdbeerrhabarber) | 100 g Gelierzucker 1:1 | 50 g gemahlene blanchierte Mandeln | 50 g Puderzucker | 30 g Eiweiß (ca. 1 Ei Größe M, 3–5 Tage alt) | 13 g Zucker | rote Lebensmittelfarbe
**Außerdem:**
Spritzbeutel mit Lochtülle (Größe 8) | Backpapier oder Silikonbackmatte für Macarons

Frühlingsbeginn

Für 12 Macarons | 50 Min. Zubereitung | 30 Min. Trocknen | 13 Min. Backen | 15 Std. 10 Min. Kühlen
Pro Stück ca. 80 kcal, 1 g EW, 2 g F, 14 g KH

**1** Rhabarber schälen, in Stücke schneiden und pürieren. Mit Gelierzucker aufkochen, ca. 4 Min. sprudelnd kochen. Die Konfitüre in eine Schüssel füllen, zugedeckt ca. 3 Std. abkühlen lassen.

**2** Mandeln und Puderzucker fein mahlen und sieben. Das Eiweiß anschlagen, dabei den Zucker einrieseln lassen. Dann in ca. 8 Min. zu Eischnee schlagen, dabei wenig Lebensmittelfarbe hinzufügen. Eischnee unter die Mandelmischung heben und die Masse in den Spritzbeutel füllen.

**3** Ein Backblech mit Backpapier oder Silikonmatte auslegen und 24 gleichmäßige Tupfen aufspritzen. Die Macaron-Schalen ca. 30 Min. trocknen lassen. Den Backofen auf 160° vorheizen. Die Macaron-Schalen im Ofen (Mitte) ca. 13 Min. backen.

**4** Macaron-Schalen aus dem Ofen nehmen, mit dem Backpapier vom Blech ziehen und ca. 10 Min. abkühlen lassen. Die Konfitüre auf 12 Macaron-Schalen auftragen. Die übrigen Schalen daraufsetzen und leicht andrücken. In einer luftdicht schließenden Box mind. 12 Std. kühl stellen.

# MACARONS MIT ESPRESSOMOUSSE

Die kräftige Mokkafüllung mit würzigem Espresso kommt in den dunklen Macarons super zur Geltung. Ein echter Energie-Kick!

**Für die Füllung:**
40 g Zartbitterkuvertüre (54 % Kakaoanteil)
1 Eigelb (Größe M) | 15 g Zucker
30 ml Espresso (ersatzweise sehr starker Kaffee)
60 g Sahne

**Für die Macaron-Schalen:**
50 g gemahlene blanchierte Mandeln
50 g Puderzucker
30 g Eiweiß (ca. 1 Ei Größe M, 3–5 Tage alt)
13 g Zucker
braune Lebensmittelfarbe

**Außerdem:**
digitales Küchenthermometer
Backpapier oder Silikonbackmatte für Macarons
Spritzbeutel mit Lochtülle (Größe 8)

*La dolce vita*

Für 12 Macarons |
55 Min. Zubereitung |
30 Min. Trocknen |
13 Min. Backen |
16 Std. 25 Min. Kühlen
Pro Stück ca. 85 kcal,
1 g EW, 5 g F, 8 g KH

**1** Für die Füllung die Kuvertüre fein hacken und über dem heißen Wasserbad auflösen. Das Eigelb mit dem Zucker glatt rühren und den Espresso untermischen. Die Masse in einer Metallschüssel über dem heißen Wasserbad auf 78–85° (Thermometer!) erhitzen, bis sie eindickt. Vom Wasserbad nehmen, mit der Kuvertüre glatt verrühren und ca. 15 Min. abkühlen lassen.

**2** Inzwischen die Sahne steif schlagen. Die Espressomasse erst mit der Hälfte der Sahne glatt rühren, dann die restliche Sahne mit einem Teigschaber unterheben. Die Füllung zugedeckt mind. 4 Std., am besten über Nacht, kühl stellen.

**3** Für die Macaron-Schalen Mandeln und Puderzucker fein mahlen und sieben. Eiweiß anschlagen, dabei den Zucker einrieseln lassen. Dann auf höchster Stufe in ca. 8 Min. zu sehr festem Eischnee schlagen, dabei wenig Lebensmittelfarbe hinzufügen. Den Eischnee unter die Mandel-Puderzucker-Mischung heben, bis eine glatte, zäh fließende Masse entstanden ist.

**4** Ein Backblech mit Backpapier oder Silikonmatte auslegen. Die Macaron-Masse in den Spritzbeutel füllen und damit 24 gleichmäßige Tupfen aufspritzen. Von unten gegen das Blech klopfen, um die Tupfen zu glätten. Dann die Macaron-Schalen ca. 30 Min. trocknen lassen. Inzwischen den Backofen auf 160° vorheizen.

**5** Die Macaron-Schalen im Ofen (Mitte) ca. 13 Min. backen. Aus dem Ofen nehmen, mit dem Backpapier vom Blech ziehen und ca. 10 Min. abkühlen lassen. Die Füllung auf 12 Schalen auftragen. Die übrigen Schalen daraufsetzen und leicht andrücken. In einer luftdicht schließenden Box mind. 12 Std. kühl stellen.

# APRIKOSEN-JOGHURT-MACARONS

Diese Füllung ist einfach lecker und erhält durch den Joghurt einen erfrischenden Touch. Die getrockneten Aprikosen sind wahre Aromabomben!

**Für die Füllung:**
100 g weiße Kuvertüre (25 % Kakaobuttergehalt)
30 g Softaprikosen
60 g Joghurt

**Für die Macaron-Schalen:**
50 g gemahlene blanchierte Mandeln
50 g Puderzucker
orange und weiße Lebensmittelfarbe
30 g Eiweiß (ca. 1 Ei Größe M, 3–5 Tage alt)
13 g Zucker

**Außerdem:**
Backpapier oder Silikonbackmatte für Macarons
Spritzbeutel mit Lochtülle (Größe 8)

### Fruchtig und frisch

Für 12 Macarons |
45 Min. Zubereitung |
30 Min. Trocknen |
13 Min. Backen |
18 Std. 10 Min. Kühlen
Pro Stück ca. 105 kcal,
2 g EW, 5 g F, 11 g KH

**1** Für die Füllung Kuvertüre fein hacken und über dem heißen Wasserbad auflösen. Aprikosen und Joghurt mit dem Stabmixer fein pürieren. Püree in einem Topf bei mittlerer Hitze erwärmen, aber nicht kochen. Mit der Kuvertüre glatt zur Ganache verrühren. Zugedeckt mind. 6 Std., am besten über Nacht, kühl stellen.

**2** Für die Macaron-Schalen Mandeln und Puderzucker fein mahlen und sieben. Beide Lebensmittelfarben zu einem Farbton mischen. Eiweiß anschlagen, dabei den Zucker einrieseln lassen. Dann auf höchster Stufe in ca. 8 Min. zu sehr festem Eischnee schlagen, dabei wenig Mischfarbe hinzufügen. Den Eischnee mit einem Teigschaber unter die Mandel-Puderzucker-Mischung heben, bis eine glatte, zäh fließende Masse entstanden ist.

**3** Ein Backblech mit Backpapier oder Silikonmatte auslegen. Die Macaron-Masse in den Spritzbeutel füllen und damit 24 gleichmäßige Tupfen aufspritzen. Von unten gegen das Blech klopfen, um die Tupfen zu glätten. Dann die Macaron-Schalen ca. 30 Min. trocknen lassen. Inzwischen den Backofen auf 160° vorheizen.

**4** Die Macaron-Schalen im Ofen (Mitte) ca. 13 Min. backen. Aus dem Ofen nehmen, mit dem Backpapier vom Blech ziehen und ca. 10 Min. abkühlen lassen. Die Füllung auf 12 Schalen auftragen. Die übrigen Schalen daraufsetzen und leicht andrücken. In einer luftdicht schließenden Box mind. 12 Std. kühl stellen.

### TIPP
Da sich die Hitze im Backofenraum nie ganz gleichmäßig verteilt, am besten das Backblech nach der Hälfte der Backzeit herausnehmen und um 180° drehen.

# MEINE LIEBLINGE

Was antwortet man auf die Frage, welches seiner Kinder man am liebsten hat? Genau, es gibt nur eine Antwort: Man habe sie alle gleich lieb! So geht es mir auch mit den Macaron-Rezepten in diesem Kapitel – bei jedem einzelnen geht mir das Herz auf. Und statt mich zu entscheiden, back' ich darum am liebsten gleich mehrere.

# GRAPEFRUIT-MACARONS

Angelehnt an den englischen Klassiker Lemon Curd punkten diese Macarons mit einer cremig-zarten Füllung aus rosa Grapefruits.

**Für die Füllung:**
1 rosa Grapefruit
30 g Zucker
3 Eigelb (Größe M)
50 g kalte Butter (in Stücken)
25 g gemahlene blanchierte Mandeln

**Für die Macaron-Schalen:**
50 g gemahlene blanchierte Mandeln
50 g Puderzucker
30 g Eiweiß (ca. 1 Ei Größe M, 3–5 Tage alt)
13 g Zucker
orange Lebensmittelfarbe

**Außerdem:**
digitales Küchenthermometer
Backpapier oder Silikonbackmatte für Macarons
Spritzbeutel mit Lochtülle (Größe 8)

**Bitter sweet darling**

Für 12 Macarons |
55 Min. Zubereitung |
30 Min. Trocknen |
13 Min. Backen |
24 Std. 10 Min. Kühlen
Pro Stück ca. 110 kcal,
2 g EW, 7 g F, 9 g KH

**1** Für die Füllung die Grapefruit auspressen und 40 ml Saft abmessen. Mit Zucker und Eigelben in eine Metallschüssel geben und über dem heißen Wasserbad unter Rühren auf 78–85° (Thermometer!) erhitzen. Vom Wasserbad nehmen, die Butterstücke dazugeben und so lange einrühren, bis sie sich vollständig aufgelöst haben. Dann die Mandeln unterheben und die Masse zugedeckt mind. 12 Std., am besten über Nacht, kühl stellen.

**2** Für die Macaron-Schalen Mandeln und Puderzucker fein mahlen und sieben. Eiweiß anschlagen, dabei den Zucker einrieseln lassen. Dann auf höchster Stufe in ca. 8 Min. zu sehr festem Eischnee schlagen, dabei wenig Lebensmittelfarbe hinzufügen. Eischnee mit einem Teigschaber unter die Mandelmischung heben, bis eine glatte, zäh fließende Masse entstanden ist.

**3** Ein Backblech mit Backpapier oder Silikonmatte auslegen. Die Macaron-Masse in den Spritzbeutel füllen und damit 24 gleichmäßige Tupfen aufspritzen. Von unten gegen das Blech klopfen, um die Tupfen zu glätten. Dann die Macaron-Schalen ca. 30 Min. trocknen lassen. Inzwischen den Backofen auf 160° vorheizen.

**4** Die Macaron-Schalen im Ofen (Mitte) ca. 13 Min. backen. Aus dem Ofen nehmen, mit dem Backpapier vom Blech ziehen und ca. 10 Min. abkühlen lassen. Die Füllung auf 12 Schalen auftragen. Die übrigen Schalen daraufsetzen und leicht andrücken. In einer luftdicht schließenden Box mind. 12 Std. kühl stellen.

## TIPP
Sie können die Füllung mit einem Teelöffel oder mit einem Spritzbeutel mit kleiner Lochtülle auftragen.

# PISTAZIEN-MACARONS MIT KROKANT

Pistazien sind botanisch gesehen Steinfrüchte. In diesen wunderbar lindgrün gefärbten Macarons kommt ihr Aroma bestens zur Geltung.

**Für die Füllung:**
20 g Zucker
10 g Butter
40 g gehackte Pistazienkerne
80 g weiße Kuvertüre (25 % Kakaobuttergehalt)
60 g Sahne
1 Tropfen Bittermandelaroma
**Für die Macaron-Schalen:**
50 g gemahlene blanchierte Mandeln
50 g Puderzucker
30 g Eiweiß (ca. 1 Ei Größe M, 3–5 Tage alt)
13 g Zucker
grüne Lebensmittelfarbe
**Außerdem:**
Backpapier oder Silikonbackmatte für Macarons
Spritzbeutel mit Lochtülle (Größe 8)

**Grüner wird's nicht**

Für 12 Macarons |
55 Min. Zubereitung |
30 Min. Trocknen |
13 Min. Backen |
18 Std. 30 Min. Kühlen
Pro Stück ca. 130 kcal,
2 g EW, 9 g F, 11 g KH

**1** Für die Füllung den Zucker in einem Topf bei mittlerer Hitze zu goldgelbem Karamell schmelzen, vom Herd nehmen. Die Butter dazugeben und darin auflösen, dann 20 g gehackte Pistazien einrühren. Die Krokantmasse auf ein Blatt Backpapier gießen (Bild 1) und abkühlen lassen. Übrige Pistazien im Blitzhacker fein mahlen. Die Kuvertüre fein hacken und über dem heißen Wasserbad auflösen. Sahne, gemahlene Pistazien und Bittermandelaroma in einem Topf aufkochen und über die Kuvertüre gießen. Alles glatt zur Ganache verrühren (Bild 2) und ca. 20 Min. kühl stellen.

**2** Den Krokant in einen Gefrierbeutel geben und mit dem Nudelholz fein zerkrümeln (Bild 3). Unter die Ganache rühren und zugedeckt mind. 6 Std., am besten über Nacht, kühl stellen.

**3** Für die Macaron-Schalen Mandeln und Puderzucker fein mahlen und sieben. Eiweiß anschlagen, dabei den Zucker einrieseln lassen. Dann auf höchster Stufe in ca. 8 Min. zu sehr festem Eischnee schlagen, dabei wenig Lebensmittelfarbe hinzufügen. Eischnee unter die Mandel-Puderzucker-Mischung heben, bis eine glatte, zäh fließende Masse entstanden ist.

**4** Ein Backblech mit Backpapier oder Silikonmatte auslegen. Die Masse mit dem Spritzbeutel als 24 gleichmäßige Tupfen aufspritzen. Von unten gegen das Blech klopfen, um die Tupfen zu glätten. Die Macaron-Schalen ca. 30 Min. trocknen lassen. Inzwischen den Backofen auf 160° vorheizen. Die Macaron-Schalen im Ofen (Mitte) ca. 13 Min. backen. Aus dem Ofen nehmen, mit dem Papier vom Blech ziehen und ca. 10 Min. abkühlen lassen. Füllung auf 12 Schalen auftragen, übrige Schalen daraufsetzen und leicht andrücken. Luftdicht verpackt mind. 12 Std. kühl stellen.

MEINE LIEBLINGE

# ERDBEER-MACARONS

Mit diesen Macarons zieht der Sommer endgültig in Ihre Küche ein. Saftig rote Erdbeeren überzeugen hier in einer leichten Mousse.

**Für die Füllung:**
80 g weiße Kuvertüre (25 % Kakaobuttergehalt)
70 g Erdbeeren (frisch oder TK)
1 Eigelb (Größe M) | 5 g Zucker
40 g gefriergetrocknetes Erdbeerpulver (Fach- oder Online-Handel) | 80 g Sahne

**Für die Macaron-Schalen:**
50 g gemahlene blanchierte Mandeln
50 g Puderzucker
30 g Eiweiß (ca. 1 Ei Größe M, 3–5 Tage alt) | 13 g Zucker
rote Lebensmittelfarbe

**Außerdem:**
digitales Küchenthermometer
Backpapier oder Silikonbackmatte für Macarons
Spritzbeutel mit Lochtülle (Größe 8)

*Sommer pur*

Für 12 Macarons | 50 Min. Zubereitung | 30 Min. Trocknen | 13 Min. Backen | 16 Std. 25 Min. Kühlen
Pro Stück ca. 120 kcal, 2 g EW, 7 g F, 12 g KH

**1** Für die Füllung Kuvertüre fein hacken und über dem heißen Wasserbad auflösen. Erdbeeren putzen, waschen und trocken tupfen (TK-Ware antauen lassen). Pürieren und in einem Topf aufkochen. Eigelb mit Zucker glatt rühren, Püree langsam untermischen und in eine Metallschüssel geben. Masse über dem heißen Wasserbad unter Rühren auf 78–85° (Thermometer!) erhitzen. Vom Wasserbad nehmen, mit der Kuvertüre und dem Erdbeerpulver glatt rühren. Alles 10–15 Min. abkühlen lassen. Die Sahne steif schlagen. Erdbeermasse erst mit der Hälfte der Sahne glatt rühren, dann den Rest mit einem Teigschaber unterheben. Zugedeckt mind. 4 Std., am besten über Nacht, kühl stellen.

**2** Für die Macaron-Schalen Mandeln und Puderzucker fein mahlen und sieben. Eiweiß anschlagen, dabei den Zucker einrieseln lassen. Dann auf höchster Stufe in ca. 8 Min. zu sehr festem Eischnee schlagen, dabei wenig Lebensmittelfarbe hinzufügen. Den Eischnee unter die Mandel-Puderzucker-Mischung heben, bis eine glatte, zäh fließende Masse entstanden ist.

**3** Ein Backblech mit Backpapier oder Silikonmatte auslegen. Die Macaron-Masse in den Spritzbeutel füllen und damit 24 gleichmäßige Tupfen aufspritzen. Von unten gegen das Blech klopfen, um die Tupfen zu glätten. Dann die Macaron-Schalen ca. 30 Min. trocknen lassen. Inzwischen den Backofen auf 160° vorheizen.

**4** Die Macaron-Schalen im Ofen (Mitte) ca. 13 Min. backen. Aus dem Ofen nehmen, mit dem Backpapier vom Blech ziehen und ca. 10 Min. abkühlen lassen. Die Füllung auf 12 Schalen auftragen. Die übrigen Schalen daraufsetzen und leicht andrücken. In einer luftdicht schließenden Box mind. 12 Std. kühl stellen.

# MACARONS MIT GEBRANNTEN MANDELN

33 g Zucker | 10 g Butter | 20 g gehackte blanchierte Mandeln | 60 g Vollmilchkuvertüre (38 % Kakaoanteil) | 90 g Sahne | 50 g gemahlene blanchierte Mandeln | 50 g Puderzucker | 30 g Eiweiß (ca. 1 Ei Größe M, 3–5 Tage alt)
**Außerdem:**
Spritzbeutel mit Lochtülle (Größe 8) | Backpapier oder Silikonbackmatte für Macarons

### Kirmes-Duft

Für 12 Macarons | 50 Min. Zubereitung | 30 Min. Trocknen | 13 Min. Backen | 18 Std. 30 Min. Kühlen
Pro Stück ca. 120 kcal, 2 g EW, 8 g F, 10 g KH

**1** In einem Topf 20 g Zucker bei mittlerer Hitze zu Karamell schmelzen. Vom Herd nehmen, die Butter darin auflösen und gehackte Mandeln unterrühren. Die Masse auf Backpapier gießen und abkühlen lassen. Kuvertüre fein hacken und über dem heißen Wasserbad auflösen. Sahne aufkochen, über die Kuvertüre gießen und glatt zur Ganache verrühren, dann ca. 20 Min. abkühlen lassen. Krokant in einen Gefrierbeutel geben, mit dem Nudelholz fein zerkrümeln und unter die Ganache rühren. Zugedeckt ca. 6 Std., am besten über Nacht, kühlen.

**2** Mandeln und Puderzucker fein mahlen, sieben. Das Eiweiß anschlagen, dabei übrigen Zucker einrieseln lassen. Ca. 8 Min. schlagen, dann unter die Mandelmischung heben und in den Spritzbeutel füllen. Backblech mit Backpapier oder Silikonmatte auslegen, 24 Tupfen aufspritzen. Ca. 30 Min. trocknen lassen. Backofen auf 160° vorheizen. Die Macarons im Ofen (Mitte) ca. 13 Min. backen, dann ca. 10 Min. abkühlen lassen. Füllung auf 12 Schalen geben, übrige Schalen daraufsetzen und andrücken. Luftdicht verpackt mind. 12 Std. kühl stellen.

# HEIDELBEER-MACARONS

125 g Heidelbeeren (frisch oder TK) | 1 EL Orangensaft | 60 g Gelierzucker 2:1 | 50 g gemahlene blanchierte Mandeln | 50 g Puderzucker | 30 g Eiweiß (ca. 1 Ei Größe M, 3–5 Tage alt) | 13 g Zucker | lila und blaue Lebensmittelfarbe
**Außerdem:**
Spritzbeutel mit Lochtülle (Größe 8) | Backpapier oder Silikonbackmatte für Macarons

### Lila Versuchung

Für 12 Macarons | 45 Min. Zubereitung | 30 Min. Trocknen | 13 Min. Backen | 14 Std. 10 Min. Kühlen
Pro Stück ca. 70 kcal, 1 g EW, 2 g F, 11 g KH

**1** Beeren verlesen, waschen und trocken tupfen (TK-Ware antauen lassen). Mit dem Orangensaft pürieren, durch ein Sieb in einen Topf streichen und mit Gelierzucker verrühren. Aufkochen und unter Rühren ca. 4 Min. sprudelnd kochen. In einer Schüssel zugedeckt ca. 2 Std. abkühlen lassen.

**2** Mandeln und Puderzucker fein mahlen, sieben. Die beiden Lebensmittelfarben zu einem Farbton mischen. Eiweiß anschlagen, dabei den Zucker einrieseln lassen. Ca. 8 Min. schlagen, dabei wenig Mischfarbe hinzufügen. Eischnee unter die Mandelmischung heben, in den Spritzbeutel füllen.

**3** Backblech mit Backpapier oder Silikonmatte auslegen, 24 gleichmäßige Tupfen aufspritzen. Die Macaron-Schalen ca. 30 Min. trocknen lassen. Den Backofen auf 160° vorheizen. Macaron-Schalen im Ofen (Mitte) ca. 13 Min. backen. Herausnehmen, samt Papier vom Blech ziehen und ca. 10 Min. abkühlen lassen. Füllung auf 12 Macaron-Schalen auftragen, übrige Schalen daraufsetzen, leicht andrücken. Luftdicht verpackt mind. 12 Std. kühlen.

# ZITRONEN-MACARONS

Eine Zitronen-Buttercreme-Füllung sorgt hier für die zitrusfrische Leichtigkeit und den fruchtigen Duft der Macarons.

**Für die Füllung:**
8 g Zitronenpuddingpulver (zum Kochen, ersatzweise Vanille)
8 g Zucker | 40 ml Zitronensaft
60 ml Milch
40 g weiche Butter
12 g Puderzucker

**Für die Macaron-Schalen:**
50 g gemahlene blanchierte Mandeln
50 g Puderzucker
30 g Eiweiß (ca. 1 Ei Größe M, 3–5 Tage alt)
13 g Zucker
gelbe Lebensmittelfarbe

**Außerdem:**
Backpapier oder Silikonbackmatte für Macarons
Spritzbeutel mit Lochtülle (Größe 8)

### Sauer macht lecker

Für 12 Macarons |
45 Min. Zubereitung |
30 Min. Trocknen |
13 Min. Backen |
8 Std. 10 Min. Kühlen
Pro Stück ca. 85 kcal,
1 g EW, 5 g F, 8 g KH

**1** Für die Füllung das Puddingpulver und den Zucker mit dem Zitronensaft glatt rühren. Die Milch in einem Topf aufkochen und das angerührte Puddingpulver unter Rühren dazugeben. Die Mischung kurz aufkochen, dann in eine Schüssel füllen. Den Pudding mit Frischhaltefolie zugedeckt in ca. 1 Std. auf Raumtemperatur abkühlen lassen.

**2** Dann Butter und Puderzucker in der Küchenmaschine auf höchster Stufe in ca. 5 Min. weißcremig aufschlagen. Den Pudding esslöffelweise dazugeben und jeweils ca. 20 Sek. einarbeiten. Die Buttercreme zugedeckt mind. 1 Std. kühl stellen.

**3** Für die Macaron-Schalen Mandeln und Puderzucker fein mahlen und sieben. Eiweiß anschlagen, dabei den Zucker einrieseln lassen. Dann auf höchster Stufe in ca. 8 Min. zu sehr festem Eischnee schlagen, dabei wenig Lebensmittelfarbe hinzufügen. Den Eischnee unter die Mandel-Puderzucker-Mischung heben, bis eine glatte, zäh fließende Masse entstanden ist.

**4** Ein Backblech mit Backpapier oder Silikonmatte auslegen. Die Macaron-Masse in den Spritzbeutel füllen und damit 24 gleichmäßige Tupfen aufspritzen. Von unten gegen das Blech klopfen, um die Tupfen zu glätten. Dann die Macaron-Schalen ca. 30 Min. trocknen lassen. Inzwischen den Backofen auf 160° vorheizen.

**5** Die Macaron-Schalen im Ofen (Mitte) ca. 13 Min. backen. Herausnehmen, mit dem Backpapier vom Blech ziehen und ca. 10 Min. abkühlen lassen. Die Buttercreme auf 12 Schalen auftragen. Die übrigen Schalen daraufsetzen und leicht andrücken. In einer luftdicht schließenden Box mind. 6 Std. kühl stellen.

# ERDNUSS-MACARONS MIT KARAMELLMOUSSE

Die Erdnüsse verleihen diesen Macarons ein kerniges Aroma, die luftige Salzkaramellfüllung sorgt für das gewisse Etwas. Ein echtes Dream-Team!

**Für die Füllung:**
50 g Vollmilchkuvertüre
(38 % Kakaoanteil)
50 g Zucker
70 ml Milch
Salz
50 g Sahne
**Für die Macaron-Schalen:**
70 g Erdnüsse (in der Schale)
50 g Puderzucker
30 g Eiweiß (ca. 1 Ei Größe M,
3 – 5 Tage alt)
13 g Zucker
**Außerdem:**
Backpapier oder Silikon-
backmatte für Macarons
Spritzbeutel mit Lochtülle
(Größe 8)

## Kindheitstraum

Für 12 Macarons |
1 Std. Zubereitung |
30 Min. Trocknen |
13 Min. Backen |
16 Std. 25 Min. Kühlen
Pro Stück ca. 110 kcal,
2 g EW, 6 g F, 12 g KH

**1** Für die Füllung die Kuvertüre fein hacken und über dem heißen Wasserbad auflösen. Den Zucker in einem Topf bei mittlerer Hitze zu goldgelbem Karamell schmelzen. Mit der Milch ablöschen und mit 1 Prise Salz würzen. Alles so lange weiterköcheln lassen, bis sich der Karamell vollständig in der Milch aufgelöst hat. Dann die Karamellmilch zur Kuvertüre geben und alles glatt verrühren, anschließend 10 – 15 Min. abkühlen lassen.

**2** Inzwischen die Sahne steif schlagen. Die Karamellmasse erst mit der Hälfte der Sahne glatt rühren, dann die übrige Sahne mit einem Teigschaber unterheben. Die Füllung in einer Schüssel zugedeckt mind. 4 Std., am besten über Nacht, kühl stellen.

**3** Für die Macaron-Schalen die Erdnüsse schälen, dabei die braunen Häutchen entfernen, und 50 g Erdnusskerne abwiegen. Nüsse und Puderzucker im Blitzhacker fein mahlen und in eine Schüssel sieben. Das Eiweiß anschlagen, dabei den Zucker einrieseln lassen. Dann auf höchster Stufe in ca. 8 Min. zu sehr festem Eischnee schlagen. Den Eischnee mit einem Teigschaber unter die Erdnuss-Puderzucker-Mischung heben und so lange rühren, bis eine glatte, zäh fließende Masse entstanden ist.

**4** Ein Backblech mit Backpapier oder Silikonmatte auslegen. Die Macaron-Masse in den Spritzbeutel füllen und damit 24 gleichmäßige Tupfen aufspritzen. Von unten gegen das Blech klopfen, um die Tupfen zu glätten. Dann die Macaron-Schalen ca. 30 Min. trocknen lassen. Inzwischen den Backofen auf 160° vorheizen.

**5** Die Macaron-Schalen im Ofen (Mitte) ca. 13 Min. backen. Aus dem Ofen nehmen, mit dem Backpapier vom Blech ziehen und ca. 10 Min. abkühlen lassen. Die Füllung auf 12 Schalen auftragen. Die übrigen Schalen daraufsetzen und leicht andrücken. In einer luftdicht schließenden Box mind. 12 Std. kühl stellen.

MEINE LIEBLINGE

# MARZIPAN-MACARONS

Für die gemütliche Jahreszeit: Wenn die Tage kürzer werden, mache ich es mir am liebsten mit diesen Macarons, einer Tasse Tee und einem Buch gemütlich.

**Für die Füllung:**
50 g weiße Kuvertüre (25 % Kakaobuttergehalt)
50 g Marzipanrohmasse
30 ml Milch
1 Tropfen Bittermandelaroma
80 g Sahne

**Für die Macaron-Schalen:**
50 g gemahlene blanchierte Mandeln
50 g Puderzucker
30 g Eiweiß (ca. 1 Ei Größe M, 3–5 Tage alt)
13 g Zucker
braune Lebensmittelfarbe

**Außerdem:**
Backpapier oder Silikonbackmatte für Macarons
Spritzbeutel mit Lochtülle (Größe 8)

*Gruß aus Lübeck*

Für 12 Macarons | 50 Min. Zubereitung | 30 Min. Trocknen | 13 Min. Backen | 16 Std. 25 Min. Kühlen
Pro Stück ca. 115 kcal, 2 g EW, 7 g F, 11 g KH

**1** Für die Füllung die Kuvertüre fein hacken und über dem heißen Wasserbad auflösen. Marzipan in kleine Würfel schneiden und mit der Milch in einem Topf bei mittlerer Hitze erwärmen. Dabei so lange kräftig rühren, bis sich das Marzipan in der Milch aufgelöst hat. Mit der aufgelösten Kuvertüre und dem Bittermandelaroma glatt verrühren, dann 10–15 Min. abkühlen lassen.

**2** Inzwischen die Sahne steif schlagen. Die Marzipanmasse erst mit der Hälfte der Sahne glatt rühren, dann die übrige Sahne mit einem Teigschaber unterheben. Die Creme zugedeckt mind. 4 Std., am besten über Nacht, kühl stellen.

**3** Für die Macaron-Schalen Mandeln und Puderzucker fein mahlen und sieben. Eiweiß anschlagen, dabei den Zucker einrieseln lassen. Dann in ca. 8 Min. auf höchster Stufe zu sehr festem Eischnee schlagen, dabei wenig Lebensmittelfarbe hinzufügen. Den Eischnee unter die Mandel-Puderzucker-Mischung heben, bis eine glatte, zäh fließende Masse entstanden ist.

**4** Ein Backblech mit Backpapier oder Silikonmatte auslegen. Die Macaron-Masse in den Spritzbeutel füllen und damit 24 gleichmäßige Tupfen aufspritzen. Von unten gegen das Blech klopfen, um die Tupfen zu glätten. Dann die Macaron-Schalen ca. 30 Min. trocknen lassen. Inzwischen den Backofen auf 160° vorheizen.

**5** Die Macaron-Schalen im Ofen (Mitte) ca. 13 Min. backen. Aus dem Ofen nehmen, mit dem Backpapier vom Blech ziehen und ca. 10 Min. abkühlen lassen. Die Füllung auf 12 Schalen auftragen. Die übrigen Schalen daraufsetzen und leicht andrücken. In einer luftdicht schließenden Box mind. 12 Std. kühl stellen.

# FÜR KÜNSTLER UND KÖNNER

Macarons sind nicht allein durch ihre Farben und Füllungen vielfältig. Man kann den Schalen auch mal andere oder größere Formen geben. Macarons lassen sich außerdem nach dem Backen bemalen und dann zu beeindruckenden hohen Pyramiden anordnen. Eine wahre Spielwiese für Künstlernaturen wie mich!

# WASSERMELONEN-MACARONS

Überraschen Sie Ihre Liebsten mit diesen mit Wassermelonenkonfitüre gefüllten Macarons – ein echter Sommerhit!

**Für die Füllung:**
130 g Wassermelone (ohne Schale)
3 Blätter frische Minze
70 g Gelierzucker 2:1

**Für die Macaron-Schalen:**
100 g gemahlene blanchierte Mandeln
100 g Puderzucker
60 g Eiweiß (ca. 2 Eier Größe M, 3–5 Tage alt)
26 g Zucker
rote und grüne Lebensmittelfarbe

**Außerdem:**
2 Spritzbeutel mit Lochtülle (Größe 6 und 8)
Backpapier
schwarzer Lebensmittelfarbstift (Fach- oder Online-Handel)

**Zum Anbeißen**

Für 6 Macarons |
50 Min. Zubereitung |
30 Min. Trocknen |
14 Min. Backen |
14 Std. 10 Min. Kühlen
Pro Stück ca. 240 kcal,
4 g EW, 9 g F, 35 g KH

**1** Für die Füllung das Melonenfruchtfleisch eventuell von Kernen befreien, dann mit dem Stabmixer pürieren. Die Minze waschen, trocken schütteln und fein hacken. Melonenpüree und Gelierzucker in einem Topf aufkochen und unter Rühren ca. 4 Min. sprudelnd kochen. Die Konfitüre in eine Schüssel füllen, die Minze unterrühren und alles zugedeckt ca. 2 Std. abkühlen lassen.

**2** Für die Macaron-Schalen Mandeln und Puderzucker fein mahlen und sieben. Eiweiß anschlagen, dabei den Zucker einrieseln lassen. Dann auf höchster Stufe in ca. 8 Min. zu sehr festem Eischnee schlagen und mit einem Teigschaber unter die Mandelmischung heben, bis eine glatte, zäh fließende Masse entstanden ist. Ein Drittel der Masse mit grüner, den Rest mit roter Lebensmittelfarbe färben. Die grüne Masse in den Spritzbeutel mit kleiner, die rote in den mit großer Lochtülle füllen.

**3** Auf 1 Bogen Backpapier in gleichmäßigem Abstand 12 Halbkreise (à ca. 7 cm ⌀) aufzeichnen, dann das Papier umgedreht auf ein Blech legen. Die rote Masse innen als Melonenfruchtfleisch auf die Schablonen spritzen. Die grüne Masse entlang der Rundung als Melonenschale aufspritzen. Von unten gegen das Blech klopfen, um die Halbkreise zu glätten. Die Halbkreise ca. 30 Min. trocknen lassen. Inzwischen den Backofen auf 160° vorheizen.

**4** Die Macaron-Halbkreise im Ofen (Mitte) ca. 14 Min. backen. Aus dem Ofen nehmen, mit dem Backpapier vom Blech ziehen und ca. 10 Min. abkühlen lassen. Mit dem Lebensmittelfarbstift Kerne auf die Melonenscheiben zeichnen. Die Füllung auf 6 Macaron-Halbkreise auftragen, die übrigen Halbkreise daraufsetzen und leicht andrücken. Luftdicht verpackt mind. 12 Std. kühl stellen.

# RIESEN-MACARONS MIT HIMBEERMOUSSE

Mit frischen Himbeeren haben sich diese Macarons herausgeputzt wie kleine Törtchen.
Ein echter Hingucker auf der Kaffeetafel!

**Für die Füllung:**
80 g weiße Kuvertüre (25 % Kakaobuttergehalt)
60 g Himbeeren (frisch oder TK)
1 Eigelb (Größe M)
10 g Zucker
30 g gefriergetrocknetes Himbeerpulver (Fach- oder Online-Handel)
50 g Sahne

**Für die Macaron-Schalen:**
100 g gemahlene blanchierte Mandeln
100 g Puderzucker
60 g Eiweiß (ca. 2 Eier Größe M, 3 – 5 Tage alt)
26 g Zucker
rote Lebensmittelfarbe

**Außerdem:**
30 frische Himbeeren
digitales Küchenthermometer
Backpapier
Spritzbeutel mit Lochtülle (Größe 8)

## Sommerglück

Für 6 Riesen-Macarons | 50 Min. Zubereitung | 30 Min. Trocknen | 18 Min. Backen | 16 Std. 25 Min. Kühlen
Pro Stück ca. 315 kcal, 6 g EW, 17 g F, 34 g KH

**1** Für die Füllung die Kuvertüre hacken und über dem heißen Wasserbad auflösen. Himbeeren putzen, waschen und trocken tupfen (TK-Ware antauen lassen). Pürieren, durch ein Sieb in einen Topf streichen und aufkochen. Eigelb mit dem Zucker glatt rühren, das Püree dazugeben und einrühren. Dann alles in eine Metallschüssel geben und über dem heißen Wasserbad unter Rühren auf 78 – 85° (Thermometer!) erhitzen. Vom Wasserbad nehmen und mit der Kuvertüre glatt verrühren. Das Himbeerpulver untermischen und die Masse 10 – 15 Min. abkühlen lassen.

**2** Inzwischen die Sahne steif schlagen. Die Himbeermasse erst mit der Hälfte der Sahne glatt rühren, dann die übrige Sahne mit einem Teigschaber unterheben. Die Mousse zugedeckt mind. 4 Std., am besten über Nacht, kühl stellen.

**3** Für die Macaron-Schalen Mandeln und Puderzucker fein mahlen und sieben. Das Eiweiß anschlagen, dabei den Zucker einrieseln lassen. Dann auf höchster Stufe in ca. 8 Min. zu sehr festem Eischnee schlagen, dabei wenig Lebensmittelfarbe hinzufügen. Den Eischnee mit einem Teigschaber unter die Mandel-Puderzucker-Mischung heben und so lange rühren, bis eine glatte, zäh fließende Masse entstanden ist.

**4** Auf 1 Bogen Backpapier 12 Kreise (à ca. 5 cm Ø) aufzeichnen, dann das Papier umgedreht auf ein Backblech legen. Die Masse mit dem Spritzbeutel in 12 gleichmäßigen Tupfen aufspritzen. Von unten gegen das Blech klopfen, um die Tupfen zu glätten. Die Tupfen ca. 30 Min. trocknen lassen. Inzwischen den Backofen auf 160° vorheizen. Die Macaron-Schalen im Ofen (Mitte) 15 – 18 Min. backen. Herausnehmen, mit dem Backpapier vom Blech ziehen und ca. 10 Min. abkühlen lassen.

**5** Die frischen Himbeeren putzen, waschen und trocken tupfen. Die Himbeermousse gleichmäßig auf 6 Schalen verteilen und je 5 Himbeeren am Rand entlang anordnen. Die übrigen Macaron-Schalen daraufsetzen und leicht andrücken. In einer luftdicht schließenden Box mind. 12 Std. kühl stellen. Nach Belieben die Macarons mit etwas Mousse und 1 Himbeere dekorieren.

FÜR KÜNSTLER UND KÖNNER

# SMILEY-MACARONS MIT MANGO-GANACHE

Manchmal braucht man einfach eine Aufmunterung. Und wer auch mal anderen sagen will: »Keep smiling!«, der tut das am besten mit diesen Macarons.

**Für die Füllung:**
100 g weiße Kuvertüre (25 % Kakaobuttergehalt)
60 g Mango
**Für die Macaron-Schalen:**
50 g gemahlene blanchierte Mandeln
50 g Puderzucker
50 g Zucker
13 g Wasser
2 × 18 g Eiweiß (3–5 Tage alt)
gelbe Lebensmittelfarbe
**Außerdem:**
digitales Küchenthermometer
Backpapier oder Silikonbackmatte für Macarons
Spritzbeutel mit Lochtülle (Größe 8)
schwarzer Lebensmittelfarbstift (Fach- oder Online-Handel)

**Sag' mal »cheeese«!**

Für 12 Macarons |
40 Min. Zubereitung |
30 Min. Trocknen |
13 Min. Backen |
18 Std. 10 Min. Kühlen
Pro Stück ca. 90 kcal,
2 g EW, 5 g F, 10 g KH

**1** Für die Füllung die Kuvertüre hacken und über dem heißen Wasserbad auflösen. Mango mit dem Stabmixer pürieren, im Topf bei mittlerer Hitze erwärmen und mit Kuvertüre glatt zur Ganache rühren. Zugedeckt ca. 6 Std., am besten über Nacht, kühlen.

**2** Für die Macaron-Schalen Mandeln und Puderzucker mahlen und sieben. Mit 18 g Eiweiß zu einer Paste verkneten. 13 g Wasser mit dem Zucker bei mittlerer Hitze langsam aufkochen. Bei 110° (Thermometer!) das übrige Eiweiß in der Küchenmaschine auf höchster Stufe zu Eischnee aufschlagen. Bei 118° den Sirup unter Rühren in den Eischnee laufen lassen. Dann weiterschlagen, bis der Eischnee lauwarm ist, dabei Lebensmittelfarbe hinzufügen.

**3** Zuerst 1 EL lauwarmen Eischnee zur Mandelpaste geben und geschmeidig rühren. Dann den übrigen Eischnee mit einem Teigschaber unterheben, sodass eine zäh fließende Masse entsteht.

**4** Ein Backblech mit Backpapier oder Silikonmatte auslegen. Die Macaron-Masse in den Spritzbeutel füllen und damit 24 gleichmäßige Tupfen aufspritzen. Von unten gegen das Blech klopfen, um die Tupfen zu glätten. Dann die Macaron-Schalen ca. 30 Min. trocknen lassen. Inzwischen den Backofen auf 160° vorheizen.

**5** Die Macaron-Schalen im Ofen (Mitte) ca. 13 Min. backen. Aus dem Ofen nehmen, mit dem Backpapier vom Blech ziehen und ca. 10 Min. abkühlen lassen. Mit dem Lebensmittelfarbstift auf 12 Macaron-Schalen ein Smiley-Gesicht zeichnen. Die Füllung auf die übrigen Schalen auftragen. Die Gesichter daraufsetzen und leicht andrücken. Die Smiley-Macarons in einer luftdicht schließenden Box mind. 12 Std. kühl stellen.

# MARMOR-MACARONS MIT KIRSCHKONFITÜRE

Rosafarbene und rote Macaron-Massen verlaufen hier im Spritzbeutel ineinander und verleihen den Macarons eine zarte Marmorierung.

**Für die Füllung:**
150 g Süßkirschen (frisch oder TK)
60 g Gelierzucker 2:1
1 TL Zitronensaft
**Für die Macaron-Schalen:**
50 g gemahlene blanchierte Mandeln
50 g Puderzucker
30 g Eiweiß (ca. 1 Ei Größe M, 3–5 Tage alt)
13 g Zucker
rote Lebensmittelfarbe
**Außerdem:**
Backpapier oder Silikonbackmatte für Macarons
Spritzbeutel mit Lochtülle (Größe 8)

### Quirlig kirschig

Für 12 Macarons |
40 Min. Zubereitung |
30 Min. Trocknen |
13 Min. Backen |
14 Std. 10 Min. Kühlen
Pro Stück ca. 75 kcal,
1 g EW, 2 g F, 12 g KH

**1** Für die Füllung die Kirschen waschen, entsteinen und mit dem Stabmixer pürieren (TK-Ware antauen lassen). Mit Gelierzucker und Zitronensaft in einem Topf bei starker Hitze unter Rühren aufkochen und ca. 4 Min. sprudelnd kochen lassen. Die Konfitüre in einer Schüssel zugedeckt ca. 2 Std. abkühlen lassen.

**2** Für die Macaron-Schalen Mandeln und Puderzucker fein mahlen und sieben. Das Eiweiß kurz anschlagen, dabei den Zucker einrieseln lassen. Dann auf höchster Stufe in ca. 8 Min. zu sehr festem Eischnee schlagen, dabei mit wenig Lebensmittelfarbe rosa färben.

**3** Den Eischnee mit einem Teigschaber unter die Mandel-Puderzucker-Mischung heben, bis eine glatte, zäh fließende Masse entstanden ist. Die Hälfte der Masse mit wenig Lebensmittelfarbe noch intensiver rot färben (Bild 1).

**4** Ein Backblech mit Backpapier oder Silikonmatte auslegen. Die beiden Macaron-Massen abwechselnd in den Spritzbeutel füllen (Bild 2) und damit 24 gleichmäßige marmorierte Tupfen aufspritzen (Bild 3). Von unten gegen das Blech klopfen, um die Tupfen zu glätten. Die Macaron-Schalen ca. 30 Min. trocknen lassen. Inzwischen den Backofen auf 160° vorheizen.

**5** Die Macaron-Schalen im Ofen (Mitte) ca. 13 Min. backen. Aus dem Ofen nehmen, mit dem Backpapier vom Blech ziehen und ca. 10 Min. abkühlen lassen. Die Konfitüre auf 12 Macaron-Schalen auftragen. Die übrigen Macaron-Schalen daraufsetzen und leicht andrücken. Die Macarons in einer luftdicht schließenden Box mind. 12 Std. kühl stellen.

FÜR KÜNSTLER UND KÖNNER

# MACARON-TORTE MIT WEISSER SCHOKOMOUSSE

Diese Torte wird der Star auf dem nächsten Kuchenbüfett. Nehmen Sie vorsorglich das Rezept mit, man wird sie sicher danach fragen.

**Für die Füllung:**
150 g weiße Kuvertüre
(25 % Kakaobuttergehalt)
60 ml Milch
2 Eigelb (Größe M)
10 g Zucker
90 g Sahne

**Für die Tortenböden:**
100 g gemahlene blanchierte Mandeln
100 g Puderzucker
60 g Eiweiß (ca. 2 Eier Größe M, 3–5 Tage alt)
26 g Zucker

**Außerdem:**
digitales Küchenthermometer
Spritzbeutel mit Lochtülle (Größe 8)
Backpapier

## Tortenkönig

Für 1 Macaron-Torte
(ca. 19 cm ⌀, 6 Stücke) |
40 Min. Zubereitung |
30 Min. Trocknen |
2 × 20 Min. Backen |
16 Std. 30 Min. Kühlen
Pro Stück ca. 395 kcal,
7 g EW, 34 g F, 39 g KH

**1** Für die Füllung die Kuvertüre fein hacken und über dem heißen Wasserbad auflösen. Die Milch aufkochen. Die Eigelbe mit Zucker glatt rühren, die Milch langsam untermischen und alles in eine Metallschüssel geben. Die Masse über dem heißen Wasserbad unter Rühren auf 78–85° (Thermometer!) erhitzen. Vom Wasserbad nehmen und mit der Kuvertüre glatt zur Ganache verrühren, ca. 15 Min. abkühlen lassen.

**2** Inzwischen Sahne steif schlagen. Kuvertüremischung erst mit der Hälfte der Sahne glatt rühren, dann übrige Sahne unterheben. Mousse zugedeckt mind. 4 Std., am besten über Nacht, kühlen.

**3** Für die Macaron-Böden Mandeln und Puderzucker fein mahlen und sieben. Das Eiweiß anschlagen und dabei den Zucker einrieseln lassen. Dann das Eiweiß auf höchster Stufe in ca. 8 Min. zu sehr festem Eischnee schlagen. Dann den Eischnee mit einem Teigschaber unter die Mandelmischung heben, bis eine glatte, zäh fließende Masse entstanden ist.

**4** Auf 2 Bögen Backpapier je 1 Kreis (à ca. 19 cm ⌀, siehe Tipp) aufzeichnen, dann umgedreht auf 2 Backbleche legen. Masse in den Spritzbeutel füllen und damit 2 gleichmäßige Böden aufspritzen. Dabei in der Mitte der Kreise beginnen und schneckenförmig bis zum Rand fortfahren. (Nicht gegen das Blech klopfen, um die Schneckenstruktur zu erhalten.) Die Macaron-Böden ca. 30 Min. trocknen lassen. Inzwischen Backofen auf 160° vorheizen.

**5** Die Macaron-Böden im Ofen (Mitte) nacheinander jeweils 18–20 Min. backen. Herausnehmen, mit dem Backpapier vom Blech ziehen und ca. 15 Min. abkühlen lassen. 1 Boden auf eine Kuchenplatte setzen und die Füllung auftragen. Den zweiten Boden daraufsetzen, leicht andrücken. Die Torte in einer luftdicht schließenden Box mind. 12 Std. kühl stellen.

**TIPP** Ein Frühstücksteller eignet sich hervorragend als Schablone für die Böden. Wer will, verfeinert die Ganache noch mit dem ausgekratzten Mark von 1 Vanilleschote. Nach Belieben die Torte mit Macarons und Raspelschokolade verzieren.

# MACARON-PYRAMIDE MIT CHAMPAGNER

Mit edler Füllung und zu einer imposanten Pyramide aufgebaut, sind diese Macarons die Krönung jeder »Candy Bar« für eine Hochzeit oder ein Jubiläum.

**Für die Füllung:**
200 g Erdbeeren (frisch oder TK)
50 ml Champagner (ersatzweise trockener Sekt)
250 g Gelierzucker 1:1

**Für die Pyramide:**
128 Macaron-Schalen
(5,5 × Grundrezept französische Macarons, nach Belieben eingefärbt, siehe S. 6–7)

**Außerdem:**
Lebensmittelfarbstift (Fach- oder Online-Handel, nach Belieben)
1 Styroporkegel (ca. 28 cm hoch, Bastelbedarfl)
1 Bogen Geschenkpapier (Farbe passend zu den Macarons)
Klebeband
64 Zahnstocher

**Festlich**

Für 1 Macaron-Pyramide |
1 Std. 50 Min. Zubereitung |
16 Std. Kühlen
Pro Stück ca. 65 kcal,
1 g EW, 2 g F, 10 g KH

**1** Für die Füllung die Erdbeeren putzen, waschen und trocken tupfen (TK-Ware antauen lassen). Mit dem Champagner in einem hohen Rührbecher mit dem Stabmixer pürieren. Das Püree mit dem Gelierzucker in einem Topf unter Rühren aufkochen und ca. 4 Min. sprudelnd kochen. Konfitüre in eine Schüssel füllen, zugedeckt mind. 4 Std., am besten über Nacht, abkühlen lassen.

**2** Für die Pyramide Macaron-Schalen wie im Grundrezept (siehe S. 6–7) beschrieben herstellen, dabei nach Belieben 1 Riesen-Macaron backen und mit dem Farbstift beschriften. In die Hälfte der Macaron-Schalen (64 Stück) mit einem Zahnstocher ein kleines Loch durch die Mitte bohren (Bild 1). Auf die restlichen Macaron-Schalen je 1 Tupfen Erdbeer-Champagner-Konfitüre geben und je 1 durchbohrte Schale daraufsetzen. Die Macarons in einer luftdicht verschlossenen Box ca. 6 Std. kühl stellen.

**3** Die Zahnstocher halbieren. Den Styroporkegel eng mit dem Geschenkpapier einschlagen und dieses mit Klebeband fixieren. An der Basis des Styroporkegels mit dem Aufbringen der Macarons beginnen, dazu auf einer Linie mit einem Zahnstocher rundherum Löcher in gleichmäßigem Abstand vorbohren (am besten 1 Macaron als Maßstab verwenden; Bild 2). Dann in die durchstochene Seite jedes Macarons 1 halbierten Zahnstocher stecken und den Macaron damit in einem Loch am Kegel fixieren (Bild 3).

**4** Auf diese Weise Reihe für Reihe alle Macarons am Styroporkegel befestigen, dabei etwa 8 Reihen aufbauen (dazu benötigt man für die einzelnen Reihen 12, 11, 10, 9, 7, 6, 5 und für die letzte Reihe 4 Macarons oder 1 Riesen-Macaron). Dann die Macaron-Pyramide in Frischhaltefolie wickeln und ca. 6 Std. kühl stellen.

FÜR KÜNSTLER UND KÖNNER

# REGISTER

Damit Sie Rezepte mit bestimmten Zutaten noch schneller finden, sind in diesem Register auch beliebte Zutaten wie **Kirschen** oder **Vanille** alphabetisch eingeordnet und hervorgehoben. Darunter finden Sie das Rezept Ihrer Wahl.

## A

**Ananas:** Macarons mit Ananasmousse 14
Aprikosen-Joghurt-Macarons 28

## B

**Buttercreme**
Buttercreme mit Fruchtjoghurt 64
Buttercreme mit Pfirsichen 64
Vanille-Macarons 22
Zitronen-Macarons 40

## C

**Champagner:** Macaron-Pyramide mit Champagner 58

## E

**Erdbeeren**
Erdbeer-Macarons 36
Macaron-Pyramide mit Champagner 58
Erdnuss-Macarons mit Karamellmousse 42
**Espresso:** Macarons mit Espressomousse 26

## F

**Feigen:** Macarons mit Feigen 17
Französische Macarons (Grundrezept) 6
**Fruchtjoghurt:** Buttercreme mit Fruchtjoghurt 64

## G

**Ganache**
Aprikosen-Joghurt-Macarons 28
Lebkuchen-Macarons 24
Macarons mit gebrannten Mandeln 38
Macarons mit Kirsch-Ganache 19
Macaron-Torte mit weißer Schokomousse 56
Maracuja-Vanille-Macarons 18
Pistazien-Macarons mit Krokant 34
Smiley-Macarons mit Mango-Ganache 52
**Gelee:** Mandarinen-Macarons 16
Grapefruit-Macarons 32
**Grundrezepte**
Französische Macarons 6
Italienische Macarons 8

## H

Heidelbeer-Macarons 39
**Himbeeren**
Himbeer-Macarons 12
Riesen-Macarons mit Himbeermousse 50

## I

Italienische Macarons (Grundrezept) 8

## J

**Joghurt**
Aprikosen-Joghurt-Macarons 28
Buttercreme mit Fruchtjoghurt 64

## K

**Karamell**
Erdnuss-Macarons mit Karamellmousse 42
Pistazien-Macarons mit Krokant 34
**Kirschen**
Macarons mit Kirsch-Ganache 19
Marmor-Macarons mit Kirschkonfitüre 54
**Konfitüre**
Heidelbeer-Macarons 39
Himbeer-Macarons 12
Macaron-Pyramide mit Champagner 58
Macarons mit Feigen 17
Marmor-Macarons mit Kirschkonfitüre 54
Rhabarber-Macarons 25
Wassermelonen-Macarons 48
**Krokant**
Erdnuss-Macarons mit Karamellmousse 42
Pistazien-Macarons mit Krokant 34

**Kuvertüre**
Aprikosen-Joghurt-Macarons 28
Erdbeer-Macarons 36
Erdnuss-Macarons mit Karamellmousse 42
Lebkuchen-Macarons 24
Luftige Schoko-Macarons 20
Macarons mit Ananasmousse 14
Macarons mit Espressomousse 26
Macarons mit gebrannten Mandeln 38
Macarons mit Kirsch-Ganache 19
Macaron-Torte mit weißer Schokomousse 56
Maracuja-Vanille-Macarons 18
Marzipan-Macarons 44
Pistazien-Macarons mit Krokant 34
Riesen-Macarons mit Himbeermousse 50
Smiley-Macarons mit Mango-Ganache 52

## L
Lebkuchen-Macarons 24
Luftige Schoko-Macarons 20

## M
Macarons mit Ananasmousse 14
Macarons mit Espressomousse 26
Macarons mit Feigen 17
Macarons mit gebrannten Mandeln 38
Macarons mit Kirsch-Ganache 19
Macaron-Pyramide mit Champagner 58
Macaron-Torte mit weißer Schokomousse 56
Mandarinen-Macarons 16
**Mandeln:** Macarons mit gebrannten Mandeln 38
**Mango:** Smiley-Macarons mit Mango-Ganache 52
Maracuja-Vanille-Macarons 18
Marmor-Macarons mit Kirschkonfitüre 54
Marzipan-Macarons 44
**Mousse**
Erdbeer-Macarons 36
Erdnuss-Macarons mit Karamellmousse 42
Luftige Schoko-Macarons 20
Macarons mit Ananasmousse 14
Macarons mit Espressomousse 26
Macaron-Torte mit weißer Schokomousse 56
Riesen-Macarons mit Himbeermousse 50

## P
**Pfirsich:** Buttercreme mit Pfirsichen 64
Pistazien-Macarons mit Krokant 34
**Pyramide:** Macaron-Pyramide mit Champagner 58

## R
Rhabarber-Macarons 25
Riesen-Macarons mit Himbeermousse 50

## S
**Schokolade:** siehe Kuvertüre
Smiley-Macarons mit Mango-Ganache 52

## T
**Torte:** Macaron-Torte mit weißer Schokomousse 56

## V
**Vanille**
Maracuja-Vanille-Macarons 18
Vanille-Macarons 22

## W
Wassermelonen-Macarons 48

## Z
Zitronen-Macarons 40

© 2015 GRÄFE UND UNZER VERLAG GmbH, München
Alle Rechte vorbehalten. Nachdruck, auch auszugsweise, sowie die Verbreitung durch Film, Funk, Fernsehen und Internet, durch fotomechanische Wiedergabe, Tonträger und Datenverarbeitungssysteme jeglicher Art nur mit schriftlicher Genehmigung des Verlages.

**Projektleitung:** Verena Kordick
**Lektorat:** Kathrin Gritschneder
**Korrektorat:** Petra Bachmann
**Innen- und Umschlaggestaltung:** independent Medien-Design, Horst Moser, München
**Illustrationen:** Natascha Hendricks
**Herstellung:** Mendy Jost
**Satz:** Kösel, Krugzell
**Reproduktion:** medienprinzen GmbH, München
**Druck und Bindung:** Schreckhase, Spangenberg
**Syndication:**
www.jalag-syndication.de
Printed in Germany

1. Auflage 2015
ISBN 978-3-8338-5018-9

www.facebook.com/gu.verlag

### Der Autor
**Nico Stanitzok** bloggt auf seiner Seite www.mein-macaron.de seit 2013 – und zwar ausschließlich über Macarons! Als Ausgleich zu seiner täglichen Arbeit als diätisch geschulter Koch liebt er es, zu backen und immer wieder neue Rezepte für die zarten französischen Kekse zu entwickeln.

### Der Fotograf
Das **Eising Studio** zählt zu den international führenden Studios im Bereich der Food-Fotografie. Hier entstehen hochwertige Foto- und Videoproduktionen für Verlage, Agenturen und Industriekunden. Die Macarons haben Katrin Winner (Foto) und Alissa Poller (Foodstyling) stimmungsvoll in Szene gesetzt.

### Bildnachweis
Autorenfoto: privat, alle anderen Fotos: Eising Studio

### Titelrezepte
Heidelbeer-Macarons (S. 39), Smiley-Macarons mit Mango-Ganache (S. 52), Erdbeer-Macarons (S. 36), Pistazien-Macarons mit Krokant (S. 34)

### Umwelthinweis:
Dieses Buch ist auf PEFC-zertifiziertem Papier aus nachhaltiger Waldwirtschaft gedruckt.

**Liebe Leserin, lieber Leser,**
haben wir Ihre Erwartungen erfüllt? Sind Sie mit diesem Buch zufrieden? Haben Sie weitere Fragen zu diesem Thema? Wir freuen uns auf Ihre Rückmeldung, auf Lob, Kritik und Anregungen, damit wir für Sie immer besser werden können.

GRÄFE UND UNZER Verlag
Leserservice
Postfach 86 03 13
81630 München
E-Mail:
leserservice@graefe-und-unzer.de

Telefon: 00800 / 72 37 33 33*
Telefax: 00800 / 50 12 05 44*
Mo–Do: 9.00 – 17.00 Uhr
Fr:         9.00 – 16.00 Uhr
(* gebührenfrei in D, A, CH)

Ihr GRÄFE UND UNZER Verlag
*Der erste Ratgeberverlag – seit 1722.*

**Backofenhinweis:**
Die Backzeiten können je nach Herd variieren. Die Temperaturangaben in unseren Rezepten beziehen sich auf das Backen im Elektroherd mit Ober- und Unterhitze und können bei Gasherden oder Backen mit Umluft abweichen. Details entnehmen Sie bitte Ihrer Gebrauchsanweisung.

# Appetit auf mehr?

Mehr von GU auf **www.gu.de** und
**facebook.com/gu.verlag**

Willkommen im Leben.

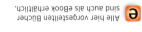
Alle hier vorgestellten Bücher sind auch als eBook erhältlich.

ISBN 978-3-8338-4662-5

ISBN 978-3-8338-4463-8

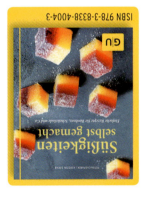
ISBN 978-3-8338-4658-8

ISBN 978-3-8338-2843-0

ISBN 978-3-8338-3626-8

ISBN 978-3-8338-4004-3

# SCHNELLE BUTTERCREMES

Gebackene Macaron-Schalen lassen sich gut einfrieren oder kühl aufbewahren.
Wenn es mal schnell gehen soll, sind sie mit diesen Buttercremes im Nu zusammengesetzt.

## BUTTERCREME MIT FRUCHTJOGHURT

**Für 12 Macarons:** In einer Schüssel 50 g weiche Butter mit den Schneebesen des Handrührgeräts in ca. 5 Min. weißcremig aufschlagen. Dabei nach und nach 10 g Puderzucker einrieseln lassen. 60 g zimmerwarmen Fruchtjoghurt (Sorte nach Belieben, z. B. Heidelbeere) nach und nach hinzufügen. Erst wenn 1 EL Joghurt komplett eingearbeitet ist, den nächsten dazugeben. Die Macaron-Schalen dann sofort mit der Buttercreme zusammensetzen. Tipp: Statt Joghurt lässt sich auch Pudding (Fertigprodukt, aus dem Kühlregal) unterrühren. Für eine Schokobuttercreme anstelle des Fruchtjoghurts 20 g Puderzucker, 60 g Naturjoghurt und 1 EL Kakaopulver verwenden.

## BUTTERCREME MIT PFIRSICHEN

**Für 12 Macarons:** 80 g gut abgetropfte Pfirsiche (aus der Dose) mit dem Stabmixer pürieren. In einer Schüssel 60 g weiche Butter mit den Schneebesen des Handrührgeräts in ca. 5 Min. weißcremig aufschlagen. Dabei nach und nach 10 g Puderzucker einrieseln lassen. Das Pfirsichpüree nach und nach hinzufügen. Erst wenn 1 EL Pfirsichpüree komplett eingearbeitet ist, den nächsten dazugeben. Die Macaron-Schalen sofort mit der Buttercreme zusammensetzen. Tipp: Der Pfirsich lässt sich durch jedes andere Obst aus der Dose ersetzen, wie Aprikosen, Birnen oder Mango. – es sollte aber stets zimmerwarm sein, da sonst die Buttercreme gerinnen kann.